GEGEN DEN STROM

Gedichte

Günter Wülfrath

Bibliografische Informationen der Deutschen Nationalbibliothek:
Die Deutsche Nationalbibliothek verzeichnet diese Publikationen in der Deutschen Nationalbibliografie; detaillierte bibliografische Daten sind im Internet über http://dnb.dnb.de abrufbar.

© 2023 Günter Wülfrath
Herstellung und Verlag:
BoD – Books on Demand, Norderstedt

ISBN: 9783753496283

gegen den strom

schlecht ist –
wenn der strom stark ist
und die die gegen ihn rudern
aufhalten kann

schlecht ist –
wenn die kraft nicht reicht
um gegen den strom zu rudern

schlecht ist –
keine verbündeten zu haben
die sich in einem boot vereinen
und gemeinsam stark sind

schlecht ist –
wenn die vielfachen einflüsse
den machtvollen strom stärken

schlecht ist –
mutlosigkeit beim gemeinsamen
rudern – gegen den strom

sehr schlecht ist –
mit dem rudern aufzuhören
denn - dann treibt man zurück

Liebe Leserinnen und Leser,
ich freue mich, dass Sie sich meinen Texten zuwenden.

GEGEN DEN STROM

Warum ich einen Gedichtband mit diesem Titel versehen habe:

Auslöser war die von Hermann Hesse stammende Metapher:

„Wer zur Quelle will, muss gegen den Strom schwimmen".

Meine Interpretation ist, wer die Wahrheit finden will, muss den Dingen auf den Grund gehen, mit anderen Worten, die Quellen der Wahrheit suchen.
Wer seine Wahrheit finden will, wird gegen andere Meinungen und Wahrheiten kämpfen müssen.
Die Masse einer Gesellschaft, die mit dem großen Strom der veröffentlichen Meinung schwimmt, wird die Quellen der herrschenden Meinung nicht erreichen. Die Bildung einer eigenen Meinung wird unmöglich.
Wer sich die Mühe macht, vorherrschende Meinungen kritisch zu hinterfragen, der muss gegen den Strom schwimmen oder rudern, wer das nicht tut, treibt zurück und wird mit dem Strom hinweggespült.

Gegen den Strom zu schwimmen ist anstrengend, kostet Zeit und Energie, aber nur so ist es möglich zu den Quellen der Wahrheit zu gelangen.
Zu diesem Thema passt auch ein chinesisches Sprichwort, das oft fälschlicherweise Benjamin Britten zugeschrieben wird, es lautet:

„Lernen ist wie Rudern gegen den Strom, sobald man aufhört, treibt man zurück".

WIE DIE ERKENNTNIS ENTSTEHT

Als das Kind an den heißen Ofen fasst,
hat es sich schlimm verbrannt.
Als der Soldat in die Schlacht gezogen,
hat er sich schrecklich verrannt.

Und wenn der Mensch Einsamkeit fühlt,
kann er sein Leid nicht verstecken.
Wenn am Abend der Mond erscheint,
verwischt der manchmal die Schrecken.

Wenn am Morgen die Sonne aufgeht,
beleuchtet und wärmt sie uns alle.
Der Mensch von Sonne beleuchtet, warm,
geht der Depression nicht in die Falle.

* * *

Von der Hitze da lernte das Kind,
es wird sich nicht mehr verbrennen.
Hat der Soldat vielleicht auch gelernt,
wird er sich nicht mehr verrennen?

Um der Einsamkeit zu entrinnen,
wird der Mensch sein Leid überwinden.
Wenn Mondschein es nicht verwischt,
wird er Freundschaft und Liebe finden.

Glück in der Wärme, im Sonnenschein,
Kinder, die sich nicht mehr verbrennen.
Das alles könnte zukünftig sein,
durch lernen entsteht das Erkennen.

ALTERSWEISHEIT

Wie der Mann nun älter wird
Und die Jugend vergeht;
kommt er nicht umhin zu fragen,
wie wird es Morgen sein?

Vergangenheit wird analysiert,
Entscheidungen bedacht.
Er überprüft seine Lage,
stellt sich auf Veränderung ein.

Im Kampf vergingen die Jahre,
die Ideale verraten beschmutzt,
sein Kopf ist voller Klage,
am liebsten würde er Schrei'n.

Den schlimmen Fehler begangen,
falschen Freunden geglaubt.
Heuchelnde Lügner braucht es nicht,
nicht einmal zum Schein.

Weil der Mann nun älter ist
und Weisheit die Jugend ablöst,
ist die Erkenntnis: Glaube kann,
doch Wissen muss sein.

aufstehen

verlassen, verzweifelt
ohne hoffnung
man hat mir die würde
genommen

vergessen, verloren
kein erinnern
politiker sonntagsreden
gelogen

erkannt gelernt
mit neuem wissen
hole ich meine würde
zurück

Natur und Umwelt

was die natur uns zu sagen hat

mit hitze und sturm und fluten
spricht sie mit naturgewalten
im schlechten und im guten
sie mahnt uns - inne zu halten

was verhindert die vernichtung
unseres blauen planeten
wachstum ist die falsche richtung
rettet nicht leben – sondern moneten

nicht die letzte generation - die stört
sollte vor gerichten steh'n
wer nicht auf ihre mahnungen hört
lässt unsere welt untergeh'n

frühlingszeit

wenn frühnebel aus dem tale steigt
die tröpfchen am grashalm blinken
die sonne ihr goldenes strahlen zeigt
dann sollten wir den frühling trinken

wenn blühend jede knospe aufbricht
entstehen schöne lebendige bilder
nasse schieferdächer im sonnenlicht
glänzen herrlich wie flüssiges silber

wenn am feldrain die lerchen singen
und die bauern die frucht ausgesät
auf den wiesen lämmchen springen
werden die satten wiesen gemäht

wenn der frühnebel nicht mehr steigt
die grashalme hören auf zu blinken
die sonne ihre größte hitze zeigt
wird frühling im sommer ertrinken

wenn man sich darauf einlässt

silbrig beleuchtet das abendlicht
den mond in spiegelnder see
elfen wispern ein gedicht
von einer verwunschenen fee

wir riechen der blüten duftende süße
hören die vögel vielstimmig singen
bewegen fröhlich unsere füsse
um uns ans ziel zu bringen

die liebe verbreitet wonne
wie in der früh' das goldene licht
der aufgehenden morgensonne
deren schein sich in wolken bricht

wenn die natur unser leben gewinnt
dann wird uns richtig bewusst
wenn glück in unsere gedanken rinnt
wird das dasein freude und lust

WENN SICH NICHTS ÄNDERT

Hitzewellen überall auf der Welt,
Tsunamis und Hochwasser ohne Ende.
Und die Politik erreicht keine Wende.
Die Menschen bleiben auf sich gestellt.

Was wird die Menschheit erkennen,
wenn Häuser verloren und abgebrannt,
Flüsse vertrocknen zu Staub und Sand
und in den Ländern die Wälder verbrennen?

Wenn der Klimawandel das Leben auffrisst,
der Erdball verbrennt oder ertrinkt,
erleiden ganze Völker Elend und Not.

Wer für das Wachstum das Leben vergisst,
wenn die Kultur im Orkus versinkt,
dann folgt für die Menschheit - der Tod.

NUR EINE JAHRESZEIT

Jetzt schickt der Herbst die Farbe ins Land,
in warmes Leuchten taucht er die Bäume.
Es welken die bunten Blätter,
sie fallen zu Boden, verweben die Träume.

Der Herbststurm treibt die Sonne davon
und Nebel färbt die graue Natur,
Regentropfen glänzen wie Diamanten,
die Luft riecht nach gestorbenem Sommer.

Die Natur vermittelt im Spätherbst Trauer,
als ob es nie eine Zukunft gäbe.
Doch die Welt dreht sich in Jahreszeiten
und der Herbst ist nur eine davon.

hoffnung im winter

in der nacht in sanftem mondenlicht
wenn leuchtende sterne vom himmel fallen
und manches flöckchen die nacht durchbricht
seh' ich des winters treue vasallen

im wald – die tannen zart zugedeckt
ein federbett gegen die kalte welt
unter dem sich das leben versteckt
dass im kalender den frühling bestellt

in der nacht in sanftem mondenlicht
wenn leuchtende sterne vom himmel fallen
bekommt mein friedenstraum ein gesicht
seh' ich schon des sommers treue vasallen

im wald – die tannen nicht zugedeckt
ohne federbett - eine bessere welt
wenn der frühling die menschen geweckt
wird gesundes klima und frieden bestellt

DIE MACHT DER NATUR

Leuchtender Mond in der Nacht,
ziehende Wolken iim Wind,
das ist die unbändige Macht,
der wir unterworfen sind.

Sonnenhitzige Sommerzeit,
kühlende Wellen im Fluss,
halten zu jeder Zeit bereit,
des Lebens süßen Liebeskuss.

Der Mensch im Universum,
ein Staubkörnchen im All,
irrt in der Welt herum,
meist kein bedeutender Fall.

Überschätzte Menschen der Welt,
oft voll Überheblichkeit.
Ihre Götzen sind aus Geld,
ohne Bestand in der Ewigkeit.

Leuchtender Mond in der Nacht,
ziehende Wolken im Wind.
Spürt ihr die unbändige Macht
der wir unterworfen sind?

Philosophisch

"Der Himmel weiß, dass wir uns niemals unserer Tränen schämen müssen, denn sie sind der Regen auf den blind machenden Staub der Erde, der über unserem harten Herzen liegt."

Charles Dickens,
(Große Erwartungen , Kapitel 19)

SELBSTVERSORGER

Als die Menschen ihr Brot
am gemeinsamen Tisch verteilten,
aßen nur die vom Brot des Bäckers
die bei der Arbeit beteiligt waren.
Eine Gemeinschaft der Erzeuger
sich selbst versorgend.

Als die Großkonzerne das Brot
aus den Backstuben raubten
lebten die vom Brot der Bäcker
die nicht an der Arbeit beteiligt waren.
Betrogene Gemeinschaft der Erzeuger
die Aktionäre versorgend.

Zukunft ist, wenn Brot gebacken wird
nach den Bedingungen
der geeinten Erzeuger.
Der Traum der schon lange geträumt.
Eine Gemeinschaft der Menschen,
sich selbstbestimmt versorgend.

DER LIEBE GOTT UND UNSERE FRAGEN

Hat er uns aus Lehm geformt
weil er kreativ sein wollte?
Und warum haben ihm viele geglaubt?

Hat er uns Odem eingegeben
weil er kalte Füße hatte?
Oder war er besonders schlau?

Hat er uns so lange belogen
bis wir ihm nicht mehr glaubten?
Hat ihn das nachdenklich gemach?

Zittert er jetzt
vor unserem Unglauben
oder fürchtet er im tiefsten Inneren
die Wahrheit?

exitium
zerstörung

es kann ganz einfach sein
sein tun auf den mainstream zu lenken
man muss nur aufhören
selber zu denken
bleibt am ende zwar dumm
doch kann man auf jedem jahrmarkt
seine Meinung verschenken

wer bereits in der jugend beginnt
sein denken auszuschalten
und wer an großen katastrophen
keinen anteil nimmt
kann nicht verwundert sein
wenn dieses verhalten
seinen untergang bestimmt

ERKENNTNIS AM MORGEN

Alls ich am Morgen fröhlich aufgewacht,
hab ich mir noch keine Gedanken gemacht.
Ich setzte mich zum Frühstück hin,
denkend, dass ich zufrieden bin.
Dann hab ich die neueste Zeitung studiert,
die hat mich gnadenlos zur Realität geführt.

Die Klimaverbesserung kommt nicht voran,
die Medien berichten vom Untergang,
drohen auch große Dürre und Flut,
die Gesellschaft gespalten in böse und gut.
Umweltschutz bietet zu wenig Profit,
Rüstungsgewinne nehmen wir mit -
Die Militärsprache lässt unterdessen,
die Sprache des Friedens vergessen.

Inspiriert durch Theodor Kramer´s „Die Wahrheit ist, man hat mir nichts getan".

DIE WAHRHEIT IST, AUF MEINE MEINUNG HÖRT MAN NICHT

Ich spare mir das Schreiben und das Reden,
auf meine Worte wird man sowieso nichts
geben
Die Wahrheit ist, auf meine Meinung
hört man nicht.

Die Medien produzieren von allem Bericht
und mühen sich im Mainstream zu bleiben,
was sollen die Journalisten auch schreiben?
Die Wahrheit ist, auf meine Meinung
hört man nicht.

Mein Kopf bekommt schon Gedankengicht,
Gehirnwäsche soll mein Schicksal lenken,
doch ich will nicht aufhören selber zu denken
Die Wahrheit ist, auf meine Meinung
hört man nicht.

SPALTPILZ

Einst hatte ich beste Freunde,
in einer friedlichen und sicheren Welt,
ohne Waffen und Grenzen.
Der Friedliche ist mein Held.

Aber im Hintergrund, gut verborgen,
wächst ein Spaltpilz falsch und gemein,
produziert böse Gerüchte,
bringt die Menschen zum Schrei´n.

Ich sage Allen, die mich fragen:
Wer zusammen halten will,
wer Freundschaft will,
darf keine Spaltpilze haben.

NEBEL

Ein Nebel löscht die Bilder
meiner Erinnerung aus
und was ich mir ansehen will,
verschwindet in einem Geisterhaus.

Ich nehme meine Notizen her,
es sind meine eignen Geschichten.
Viele Bilder, leicht oder schwer,
die vom Leben berichten.

Ein Nebel löscht die Bilder,
wenn er sich auflöst, komm ich drauf,
meine Geschichte ist auch die eure,
und so löst sich der Nebel auf.

WER WIR SIND

Vom Friedensfest bis zum Schlachtfeld:
Wer kämpft hier, warum, gegen wen?

Von der Politik bis zum Management:
Wer hat die Macht, wer bestimmt was?

Von der Arbeit bis zum Profit:
Wer gewinnt dieses Spiel?

Vom Glauben bis zum Wissen:
Wer findet die Wahrheit heraus?

Auf welcher Stufe der Menschwerdung
wir uns wirklich befinden,
werden die Antworten zeigen.

DIE SICH SELBER VERRATEN

Versteckt in felsigen Bergen,
in einer Höhle im Tal,
leben die Revolutionäre
wartend auf ein Signal.

Die Wolken treiben vorüber,
ein Sturm hat sie verweht.
Die Revolutionäre warten weiter,
dass die Revolution sich erhebt.

Sie schreiben über das Elend
und die Not, immer wieder.
Ihre Wut wird immer stärker,
es zittern Herzen und Glieder.

Dann reden sie nur noch davon
und plötzlich fallen sie um.
Ihr Weltbild wird ein Chamäleon
sie fragen nicht mal warum.

Vergessen die felsigen Berge,
die kalte Höhle im Tal,
vergangen die hohen Ideale,
Revolution - das war einmal.

Die Masken fallen vom Gesicht,
ihr Weltbild wird abgeschossen,
diesen Verrat sühnt kein Gericht,
jetzt werden Kanonen gegossen!

ad insolentem
an die unverschämten

klaget nicht – euch geht es doch gut
arm zu sein ist keine schande
es quält euch niemand bis aufs blut
an des reichtums dunklem rande

sozialhilfe kommt immer pünktlich
was wollt ihr noch - ist´s nicht genug
der staat versorgt euch gründlich
ihr seid so frei wie die vögel im flug

lasst im winter die heizung aus
warm wird euch durch mehr bewegung
geht oft und lange aus dem haus
kaltes duschen bringt blut in erregung

und könnt ihr die miete nicht zahlen
keine angst man kündigt euch nicht
so versprach politik bei den wahlen
ihr könnt zufrieden sein - ohne pflicht

einkaufen das braucht ihr nicht
dafür habt ihr suppenküchen im land
mit arbeit – entgegen dem gerücht -
noch niemand zum reichtum fand

danket der regierung für alle gaben
seit weiterhin dankbar und faul
arbeit und wohnung wollt ihr haben
haltet euer unverschämtes maul

sonnet von den illusionen

im nebel - über dem fluss - am morgen
sehe ich geister einen tanz aufführen
sie scheinen kein schicksal zu spüren
wirken glücklich und ohne sorgen

doch an geister kann ich nicht glauben
schicksal ist oft selbst gemacht
im nebel scheint eine unwirkliche pracht
das bild der wirklichkeit zu rauben

über dem betrachten der nebelbilder
schleicht sich eine realität in die welt
an deren existenz ich niemals gedacht

meine gedanken werden immer wilder
und es hat sich angst eingestellt
weil der nebel – illusionen macht

WAS TUN WIR

Warum produzieren wir?
Was ist der eigentliche Sinn?
Erstellen wir Güter zum Leben,
oder tun wir das für den Gewinn?

Wie wollen wir zukünftig leben?
Geht es um Einklang und Harmonie?
Fördern wir den Gemeinsinn,
oder ist Eigensinn die Strategie?

Produzieren wir uns zu Tode?
Schlagen wir auf die Umwelt ein?
Verbrauchen wir alle Ressourcen,
oder wollen wir endlich Menschen sein?

der worte januskopf

die eine seite findet schöne worte
uns zu nennen die liebsten orte
beschreiben uns das tal die hügel
begrüßen der freiheit adlerflügel
wenn sie gebraucht – sind sie zur stelle
die fantasie ist ihre quelle

die andere seite findet böse worte
uns zu nennen die hässlichsten orte
zerstören uns das tal die hügel
rupfen der freiheit adlerflügel
und weil sie vom hass zerfressen
dürfen wir das – nie vergessen

WIE DAS GLÜCK ZU HALTEN IST

Wenn du froh und glücklich bist
und deine Welt voll goldener Sonne.
Gefühle ertrunken in Wonne,
verleiten dass man oft vergisst.

Gibt es das immer glücklich sein?
Hat das nicht oft einen Haken?
Ist der Schmutz in sauberen Laaken?
Eine Antwort fällt mir nicht ein!

Beginne - dir selbst zu vertrauen,
beende dein trübes Denken,
fange an einfach Freude zu schenken
und auf das Leben zu schauen.

Wenn du froh und glücklich bist
und deine Welt voll goldener Sonne,
dann ertrinke nicht in blinder Wonne,
damit das Glück zu halten ist.

nicht verschlafen

kreislauf des lebens – frühling und
sommerzeit
verwoben mit herbst und winter
endlos sich folgend – immer bereit
wenn eine vorbei - ist eine dahinter

kreislauf des lebens – im frühling das
blühen
im sommer das reifen und sonne
im herbst die farben bunt erglühen
im winter schnee – der kinder wonne

kreislauf des lebens – am anfang die
kindheit
ihr folgt die oft gewünschte jugend
kaum sind wir als erwachsene bereit
erwacht die altersbedingte tugend

kreislauf des lebens – ein buntes
riesenrad
dreht das leben durch höhen und tiefen
bereitet uns manches wechselbad
schade wäre – wenn wir es verschliefen

Politik, Krieg & Frieden

FEBRUAR 2022

Vielfältig rauschen Politikerreden,
beschwörend wie ein Wasserfall,
begegnen uns auf allen Wegen,
spenden dem Kriegsgott den Segen.
Vergessen ist der Sündenfall.

Das was einst Friedensfreunde waren,
als die Welt ohne Waffen möglich schien,
hatten nicht bedacht die vielen Scharen,
die immer schon ohne Rückgrat waren.
Beugen sich dem Krieg – ich hasse ihn.

ZEITENWENDE 1

100Milliarden für Rüstung ausgeben
und die Armen werden immer mehr.
Immer weniger Geld zum Leben,
die Regale der Suppenküchen sind leer.

Waffen haben nie Frieden gebracht,
immer mehr Waffen verlängern den Krieg,
sichern nicht Frieden sondern die Macht,
für die Menschen ist das kein Sieg.

Die Kriegstreiber auf allen Seiten,
sterben nicht selbst an der Front.
Andere müssen kämpfen für ihre Siege.

Wenn sie tödliche Rezepte verbreiten,
schwindeln sie wie immer - gekonnt,
ihre Zeitenwende ist eine Lüge.

VERNUNFT ODER UNVERNUNFT

Ist es unvernünftig zu kapitulieren,
damit weniger Menschen sterben?
Ist es schlimm ein Stück Land zu verlieren?
Den Toten kann man es nicht vererben.

Vernunft gebietet Leben zu retten,
Waffen löschen das Leben nur aus,
Kriegsgräber sind schreckliche Stätten,
eine Waffenschmiede ist ein tödliches Haus.

Wer Soldaten für sich kämpfen lässt,
dem geht es nur um die Macht,
für Rüstungsproduzenten ist das ein Fest
zu dem der Profitgeier lacht.

Die Waffen nieder - ist das Gebot!
Mit Waffengewalt kann kein Frieden
entsteh'n.
Waffen bringen nur Elend und Tod,
man muss nur in die Vergangenheit seh'n.

Es ist vernünftig zu kapitulieren,
damit weniger Menschen sterben!
Öffnet den Lebenden die Türen,
dass sie nicht sinnlos im krieg verderben!

DAS LIED VOM PROTEST
Frei nach Michael Ende

Warum gibt es kein großes Geschrei,
kein Geschrei in jeder Stadt?
Wenn die Rüstung in unserer Welt
wieder einmal gewonnen hat.

Warum gibt es so große Lügen,
gar viele Lügner in jeder Stadt?
Die Presse hat es beschrieben,
die sich gleichgeschaltet hat.

Warum fehlen so viele Gelder,
Gelder für Schulen und Stadt?
Weil Rüstung der einzige Sieger
in jedem Krieg der begonnen hat.

Am Ende wünsche ich mir Protest,
gar viele Protestierer in jeder Stadt!
Damit die Rüstung in unserer Welt
nicht wieder gewonnen hat.

DAS STEINERNE HERZ

Das Herz aller Militaristen,
ist eine Kiste aus steinernen Planken,
das Grab der oft schon vermissten,
menschlichen lieben Gedanken.

Auf den steinernen Planken vergeht
die verkümmerte Menschlichkeit.
Wenn sie doch einmal neu entsteht
wird sie verfolgt mit Bösartigkeit.

Und hört ihr wie die Liebe weint,
hinter militaristisch lautem Geschrei,
sieht man wie das Unglück erscheint
und die Liebe noch immer nicht frei.

Bis das militaristische Herz zerschellt,
auf den kalten Planken aus Stein,
werden die Menschen der Welt,
nicht wirklich ohne Kriege sein.

EINTAUSCHEN

Wenn im Krieg der Tod sehr wütet,
ist es kein Nachteil ängstlich zu sein.
Mir fällt dann immer die Frage ein:
Warum werden Kriege nicht verhütet?

Wer hat den Krieg nur ausgebrütet,
ihn noch verbrämt mit Trug und Schein?
Warum wollen alle Gewinner sein,
wenn unmenschliche Zerstörung wütet?

Ich höre schon der Rüstung Gelächter,
über den Gewinn - während Leben
                          verrinnen,
und die Geister der Finsternis rauschen

Politik war angeblich nie gerechter,
wann wird sie endlich beginnen,
und den Krieg für die Liebe eintauschen?

WAFFEN FÜR DEN FRIEDEN

Sie sagen: Um Krieg zu besiegen
müssen wir Waffen haben.
Aber das ist so unsinnig
wie Öl in ein Feuer zu gießen.
Der Krieg wird zum Flächenbrand
in dem der Frieden erstickt.
Er bereitet
den Leichenschmaus.
Und die schweigenden Toten
bekommen den Frieden,
den die Waffen
übriggelassen haben.

DIE UKRAINE – EIN DILEMMA

Keine zweitausend Kilometer von uns,
töten Granaten, Menschen, Brüder,
                              Schwestern.
Landschaften bekommen eine Nationalität,
das erklärt, um was es in den Kämpfen geht.
Es ist den Kriegern nicht gelungen
sich auf einen Frieden zu einigen,
aber das sterben löst die Probleme nicht.

Ursachen spielen keine Rolle mehr,
und die russophoben Gemeinplätze
werden, wie einst die Französischen,
immer aus neue verbreitet.
In den Redaktionsstuben des Mainstream
werden Fake News produziert.
Friedensfreunde werden zu Militaristen,
wie von Zauberhand umgedreht.

Meinungen werden mit Lügen manipuliert,
ständig neue Richtlinien formuliert
und die Rüstungsproduzenten
freuen sich auf satte Gewinne.
Kautschukartige, selbstsüchtige, Wendehälse
folgen dem herrschenden Wind.

In allen hörigen Europäischen Ländern
wird jede US-Demütigung akzeptiert.
Die amerikanische Machtpolitik
wird zur Leitreligion in Europa.
Mit Abhörung und Atomraketen
werden Friedenskräfte kaltgestellt.

Aber das scheint nur eine Nebensache
und beendet das Ukraine-Dilemma nicht.

EUROPAS AUSVERKAUF

Die NATO schiebt Raketen gen Osten,
versetzen dort die Menschen in Angst;
Sind das wirklich nur Verteidigungswaffen?
Heute muss man verwundert erkennen,
an einen Krieg hat niemand gedacht,
jetzt ist er da – jetzt wird das genutzt:
Lügengebilde übernehmen die
                              Meinungsmacht,
andere Gedanken werden nicht bedacht.

Hörige Medien auf allen Seiten
verlieren die nötige Neutralität.
Im Mainstream der Meinungen
herrscht ein großes Gedränge..
Politische Gegner werden zu Freunden,
wen wundert's, Politik verliert
                              Glaubwürdigkeit.
Die Ablehnung von Kriegen
wird mit der Aufrüstung ad absurdum
                              geführt.

Die Rüstungskonzerne sind Kriegsgewinner,
ihre Profite riechen nach Tod.
Unzählige, angepasste Opportunisten
folgen der veröffentlichten Meinung.
In Europas Ländern wird ohne Fragen
die Politik der USA begrüßt.
Mit Fracking - Gas und Weltmachtgetöse
wird die eigene Würde zu Grabe getragen.

100 Milliarden und mehr für die Rüstung,
das frisst die sozialen Strukturen auf.
Alle Teuerungen werden mit dem Krieg
begründet,
obwohl Konzerne sich die Taschen füllen.
Denen, die uns bespitzeln und abhören,
laufen wir wie Lemminge hinterher.
Wir lagern ihre Atomraketen im Land,
Europas Selbstständigkeit wird verbrannt.

wer bezahlt die zeche

es sind kriegerische zeiten heute
es freu'n sich – die dran verdienen
das gilt nicht für die einfachen leute
armut und tod ist ihre einzige beute
und ihre wohnungen sind ruinen

die führer schwingen große reden
mit dem ergebnis haben sie nichts zu
schaffen
sie betreiben nicht das ende der fehden
wollen der vernunft keine chance geben
darum fordern sie immer mehr waffen

noch immer sind kriegerische zeiten
kritische meinungen – verteufelt – verboten
fake news können sich weiter verbreiten
das volk aufgefordert sich vorzubereiten
auf armut und angst mit sehr vielen toten

am ende wird meistens land verteilt
dem volk gehörte nicht die kleinste fläche
die oligarchen komme herbei geeilt
der kapitalismus wird neu gestylt
das volk bezahlt - wie immer - die zeche

wer unterstützt mit waffen den krieg

an dem tag wenn keine bomben fallen
erwacht endlich frieden im land
kriegsgötter mit ihren vasallen
haben unsere heile welt verbrannt

der krieg - in dem wir selber partei
wird mit tödlichen waffen geführt
mit sanktionen schon am anfang dabei
kann es sein – dass uns das nicht berührt

wer hat eigentlich ein schlechtes gewissen
wer unterstützt mit waffen den krieg
wer stürzt das eigene volk in not

die toten die ihr leben vermissen
haben nichts vom vermeintlichen sieg
ihr frieden ist - der eigene tod

Entstanden durch die Forderung Selenskis
nach Preventionsschlägen mit taktischen
Atomwaffen.
(Westdeutsche Zeitung v. 07.10.22)

mephistopheles
oder seine Forderung nach atomarer
Prävention

und plötzlich dreht sich alles um
im weltgericht
ein tötendes – atomgericht
treibt mephistopheles den schauspieler um

zu spät gekommen
beim militärischen streit
der gegner hat die prävention begonnen
mephisto wundert sich und schreit

wer ist es jetzt - der bösewicht?

niemand hält sich ans völkerrecht
machtgeile kriegstreiber
bringen unsere welt in gefahr
auf dem schlachtfeld vergehen die toten

menschenträume verbrennen
in von atomwaffen verseuchter luft
nur die hoffnung auf vernunft
hält mich aufrecht

und ich lese gebannt
die friedensworte von immanuel kant:

„Die Massen sind niemals Kriegslüstern, solange sie nicht durch Propaganda vergiftet werden".

„Eintracht unter den Menschen und Frieden auf Erden".

Immanuel Kant in seiner Rede: „Für einen militanten Pazifismus".

AUFKLÄRUNG

Wer unter Wölfen ist, muss mit ihnen heulen.

Wer Frieden will, mit immer mehr Waffen
Wer Milliarden Euro für Rüstung ausgibt
Wer zulässt, dass sein eigenes Volk verarmt
Wer seine menschliche Identität aufgibt
Wer den Profit für ein Allheilmittel hält
Wer glaubt, dass solche Politik für Frieden ist
Der ist in Wirklichkeit ein Opportunist

*Opportunismus ist auf den eigenen Vorteil
bedacht und dafür werden notfalls auch
grundlegende Werte verletzt. Es gilt; der
Zweck heiligt die Mittel.*

F-35
In eine ehrliche Sprache übersetzt -
"Todesbringer".

Die Bomben, die in Ramstein liegen
und angeblich das Leben schützen,
sind Bedrohung in zukünftigen Kriegen,
dem Frieden können sie niemals nützen.

Deutsche Militärpolitik will Atomwaffen,
ein Sperrvertrag hindert sie dran
und weil sie es direkt nicht schaffen,
schaffen sie vorsorglich Atombomber an.

Ramstein ist die Befehlszentrale der USA
Deutschland, eine buckelnde Kolonie,
steht schon mit Atombombern da,
eine Friedenspolitik wird das nie.

KRIEGSKINDER

Wir wurden geboren im Krieg,
bekamen harte, alte Gesichter,
wir krochen herum in Ruinen,
spielten im Bombentrichter.

Wir hatten ständig Hunger,
kamen wir beim Bäcker vorbei,
schienen unsere Nasen zu wachsen
und der Magen machte Geschrei.

Die Obstbäume beim Nachbarn
die spähten wir aus,
riefen die Freunde zusammen,
brachten den Mundraub nach Haus.

Ein Bauer kam in unsere Schule,
suchte Erntehelfer, wo man lernte.
Uns erfreuten Milch und Butterbrote
als Lohn für die Kartoffelernte.

Nun sind wir erheblich älter,
vermeintlich klüger – erwachsene Leut'
und belügen uns immer noch weiter,
über die schreckliche Vergangenheit.

Wir wurden geboren im Krieg,
hatten harte, alte Gesichter,
wir hoffen – nie mehr Ruinen
und nie wieder Bombentrichter.

FRIEDEN KANN NUR MIT LIEBE SEIN

Frieden ist nicht die Abwesenheit von Krieg,
Menschlichkeit ist die erste Bedingung,
dann kommen Menschen zur Besinnung,
Liebe bereitet dem Frieden den Sieg.

Krieg tötet Menschen und der Liebe Herz,
verachtet der Menschheit höchste Werte:
Liebe und Freundschaft – die man uns lehrte,
vergessen, geblieben Trauer und Schmerz.

Die meisten Menschen wollen Frieden,
keine Gesichter von Tränen nass
und keine Trauer und keine Klagen.

Ohne Kriegsherrn würden Kriege vermieden.
Damit niemand mehr predigt den Hass,
muss man die Kriegsherrn verjagen.

ZEITENWENDE 2

Nicht einordnen kann ich der Politiker
Meinung,
fühle mich ausgesetzt dem Schwall der Lügen
und treibend in des Stromes Wellen
zerschellt das Schiff mit meinen Träumen.

Auftauchend aus den Tiefen des Stromes,
mich umschauend nach Überlebenden,
erkenne ich, voller Angst, eine Zeitenwende,
die den Untergang schon in sich trägt.

wo ist der frieden versteckt

krieg ist unmenschlich
unmenschlicher aber
die verlängerung des krieges

beendet die waffenlieferungen
nur für die – die schon gestorben
scheint frieden möglich

zu wessen nutzen sterben soldaten
verleugnet nicht – betroffene – die
ursachen für das geschehen

ohne erinnerung bleibt uns nur
das vergessene buch
in dem der frieden versteckt

kapitalisten

in protzigen großen palästen
an den schönsten plätzen der welt
residieren die kapitalisten
und zählen ihr geld

sie planen ihre geschäfte
an den börsen weltweit
bestimmen ihre eigenen rechte
zum profitmachen stets bereit

es erfasst sie nur ärger und wut
wenn was nicht läuft wie es soll
vorteile einkaufen – das können sie gut
dafür machen sie korrupte taschen voll

wenn geld vermehrt wird durch geld
verschwindet am ende sein wert
was an diesem zustand nicht gefällt
ist inflation die den profit aufzehrt

nach den börsenkursen den vermissten
an den schönsten plätzen der welt
suchen die kapitalisten
nach dem verschwundenen geld

lohnarbeiter

in schäbigen großen kästen
an den billigsten plätzen der welt
leben die ärmsten minimalisten
und haben kein geld

sie haben keine geschäfte
die armut ist weltweit
sie kämpfen für die eigenen rechte
zu keiner sklavenarbeit bereit

es erfasst sie nur ärger und wut
wenn was nicht läuft wie es soll
solidarität erringen – das wäre gut
sie macht die streikkassen voll

wenn geld vermehrt wird durch geld
verschwindet am ende sein wert
was an diesem zustand nicht gefällt
ist inflation die ihr leben aufzehrt

für besseres leben - dem vermissten
an den billigsten plätzen der welt
suchen arbeiter - sozialisten
nach ihrem verschwundenen geld

ALBTRAUM

Durchgewaschen von der großen Stadt,
spuckte mich ein Bahnhof aus,
wo im Schmutz der Zivilisation,
die Hoffnung keine Chance hat.

Verderbende Reste der Vergangenheit,
die abbruchreifen Wohnbunker,
die ölzerfressenen stillen Fabriken.
Die Sicherheit von Gestern
ist kaum noch spürbar, volle Regale
sind auf dem Weg in die Träume.
Die Kulturarbeiter, die Unverzichtbaren,
verschwinden im Nebel des Vergessens.
Zukunft – war gestern.

HOFFNUNGSLOS

Müde von des Tages Mühsal
kommt er in seine Wohnung zurück,
wo er im Dunst der großen Stadt
erfolglos hinterherläuft seinem Glück.

Vor den Fenstern nur graue Mauern,
der triste Hausflur im trüben Licht,
und geplatzter Lack an Wohnungstüren.
Der Glanz der Vergangenheit,
ehemaliges Lebensgefühl, nicht zu spüren.
Abfallreste hinter Mülltonnen verborgen.
Wer hier leben muss, negiert den Schmutz.
Der Wunsch nach besserem Leben,
längst schon gestorben.

neubeginn

auftauchend aus einer nebelwand
blinkt ein segel im sonnenlicht
ein schiff in stolzem gewand
das eine alte geschichte verspricht

mit der geschichte aus alter zeit
als die dampfmaschinen geboren
entstanden auch kummer und leid
selbstständige arbeit ging verloren

mit steigender sozialer not
erlebten arbeiter ihre abhängigkeit
ihre forderung nach arbeit und brot
bestimmten lohn und arbeitszeit

und nach krieg und wirtschaftskrise
erstarken die gewerkschaften neu
das arbeiterschiff trieb eine steife brise
heute sind 6 millionen dabei

auftauchend aus einer nebelwand
blinkt ein segel im sonnenlicht
ein schiff in stolzem gewand
das eine neue zukunft verspricht

the weeping sunflower
...oder wenn ein symbol vergewaltigt wird

sonnenblumen mit lachendem gesicht
dem hellen himmel zugewand
mögen die trüben tage nicht
freuen sich über der sonne brand

sonnenblumen auf großem feld
richten die köpfe zur sonne aus
wenn ihr licht den tag erhellt
werden blumenkerne zum schmaus

sonnenblumen synonym für natur
ihr bild benutzt zu überzeugen
obwohl die blume schönheit pur
muß sie sich der politik beugen

sonnenblumen werden zur großen lüge
wer sich hinter dem bild versteckt
dessen gesicht trägt verräterzüge
reale politik hat das aufgedeckt

was ist schlimmer als der tod

gutes oder schlechtes leben,
nach dem ersten wollt ihr streben
manches mal gelingt das nicht
weil das leben zusammenbricht

wollt ihr euer dasein gestalten
geht das nicht ohne die naturgewalten
wenn am himmel eine dunkle wolke steht
und man im frost vor kälte vergeht

dann gebraucht man um warm zu sein
kaminfeuer oder sonnenschein
und wenn man arm und bedürftig bist
ist das leben großer mist

ihr müsst lernen kämpfen und denken
und euer schicksal selber lenken
müsst schlechtes leben in der not
mehr fürchten - als den tod

ANKLAGEN

Als erstes fällt mir Adolf Hitler ein,
mit seinen weltweiten Morden,
aber auch er war nicht allein.
Viele unterstützten die braunen Horden.

Zweitens sei Harry S. Truman genannt,
1945 sein doppeltes Atombombenfeld,
dass Hiroshima und Nagasaki verbrannt.
Das waren dunkle Stunden der Welt.

Es folgen Vincent Auriol und Renè Coty
Frankreich verliert den Indochinakrieg,
in der Schlacht um Điện Biên Phủ.
Das war für die Viet Minh ein großer Sieg.

1968 ist US-Präsident Richard Nixon so frei,
verantwortet am 16. März ein
                                    Kriegsverbrechen
in der vietnamesischen Stadt Mỹ Lai.
Wer kann ihn von der Schuld freisprechen?

Noch einmal fällt mir Richard Nixen ein,
die US-Invasion in Kambodscha geht los,
es soll Entlastung für US-Soldaten sein,
Respekt vor Kambodscha war nicht groß.

1982 kommt Ronald Reagan ins Spiel,
die Unterstützung der Contras in Nicaragua
wurde 1986 dem Gericht in Den Haag zuviel
es verurteilte, wegen Gewalt, die USA.

5. April 1986, die Berliner Diskothek La Belle,
wurde angeblich von Libyern zerstört.
Der Weltpolizist Reagan ist zur Stelle.
der Luftangriffe auf Libysche Städte befiehlt.

Am 30. August 1998 ist die NATO dabei.
Mit völkerrechtswidrigen Luftschlägen
bomben sie, angeblich, Bosnier von Serbien
frei.
Im Krieg hält die NATO nichts von Verträgen.

16. Februar 2001, US- und UK-Kampffllieger
haben Ziele im Irak ins Visier genommen.
9. April 2002: Einmarsch der US- geführten
Sieger
in Bagdad - der Krieg der Lüge ist
angekommen.

2022, Russland greift die Ukraine an,
Putin heißt der russische Präsident.
Er sagt, er hat es für die Menschen getan,
vergessend, dass ein Krieg sie verbrennt.

*Ist Putin der einzige der wegen der
Verletzung des Menschenrechts angeklagt
werden muss?*

*Ist außer Hitler, je eine der anderen
aufgeführten Führungspersonen der
sogenannten „Freien Welt" für
Kriegsverbrechen angeklagt worden?*

USA	Harry S. Truman	1945 bis 1953
Frankreich	Vincent Auriol	1947 bis 1954
Frankreich	René Coty	1954 bis 1959
USA	Richard Nixon	1969 bis 1974
USA	Ronald Reagan	1981 bis 1989
UK	Tony Blair	1999 bis 2007
USA	George W. Bush	2001 bis 2009
NATO-General	Javier Solana	1995 bis 1999

Erkenntnis, Schlussfolgerung, Ergebnis

Was ist wichtig, so frag ich mich.
Wie wichtig ist heute
die Erkenntnis der Vergangenheit?

Die Argumente der Vernunft
will niemand mehr hören.
Im Wust der gespülten Medien
wird der Spruch von der Unabhängigkeit
zum Sinnbild einer zerfallenden Kultur,
der die Wirklichkeit davon läuft.

Die Realitäten zeigen, ohne Zweifel,
das Verlangen nach einer friedlichen Welt
und dem Ende von furchtbarem Hass.
Die Wahrheit ist eine unfähige Politik,
welche die Fakten verdreht
und uns dreist belügt.
Wir sollen ihre Pfründe sichern,
auf dem Altar des Mammon,
mit unserem eigenen Untergang.

FRAGEN

Wer die politische Korrektheit
auf den Müllhaufen der Geschichte schmeißt,
folgt der einer Politikerin
die Alice Weidel, heißt?

Wer bei der Entsorgung von Personen
Zurückhaltung für unangebracht hält,
ist das ein Mitläufer
der sich hinter Jörg Meuthen stellt?

Wer Niemand verurteilen würde,
der ein bewohntes Asylantenheim anzündet,
hat sich der mit Marcel Grauf,
einem Referenten der AfD verbündet?

Wer zur Gründung einer SA aufruft,
um endlich aufzuräumen in unserem Land,
macht der sich strafbar,
wenn er Andreas Geithe gekannt?

Wer die öffentlich-rechtliche Pressefreiheit
angreifen und abschaffen will,
verhält der sich, wie Heiko Hessenkämper
von der AFD, bis zum Angriff still?

Wer ein großes Problem damit hat,
dass man Hitler als das Böse darstellt,
hat der sich hörig und blind
zu dem Anführer Björn Höcke gesellt?

WER NICHT INS WELTBILD PASST

Alle systemrelevanten Talkmaster*innen
sind so von sich selbst überzeugt,
dass sie auf Ratschläge verzichten,
weil sie meinen, die Klügsten zu sein.

Sie lassen ihre Gäste antworten,
damit sie ihnen zustimmen.
Antworten, die ihnen nicht gefallen,
werden mit Ignoranz bestraft.

Das Publikum wird nach
politischem Proporz ausgesucht.
Wer nicht dem Mainstream folgt,
findet keinen Platz auf den Parkplätzen
der Meinungskonzerne.

Mit ausgewogenem Journalismus
haben Talksendungen nichts zu tun.
Ihr Ziel ist nicht die Wahrheit,
sondern Einfluss und hohe Einschaltquoten.

Mit dem Wissen um ihre Macht
missbrauchen die Medien
ihre angebliche Unabhängigkeit
zur Manipulation der Menschen.

Wer nicht in das herrschende Weltbild passt,
wird öffentlich stigmatisiert.

STIGMA
Brandmal

Wenn ich mich von
eurem Stigma befreien will,
muss ich mich nicht ändern
und meine Einstellung zu,
Menschlichkeit, Liebe und Wahrheit,
nicht ablegen
wie einen alten Mantel.

Wenn ich mich aus
eurem Gedankenkerker entferne,
das Böse verlasse, das mich verfolgt.
Mit dunklen Träumen
kämpfe ich gegen Anschuldigungen
und niederträchtige Lügen
im kritiklosen Mainstream.

Wenn ich mich aus
meiner Ohnmacht befreien will,
aus dem Nebel der Meinungsmacher,
dann - weil ich nicht will,
dass eine kritische Meinung,
von systemrelevanten Medien
elendig stigmatisiert wird.

FROHES FEST

Weihnachtszeit geht durch das Haus,
gar prächtig duften die Tannen.
Musiker holen Instrumente heraus,
um die Stille zu verbannen.

Man freut sich auf die schönen Töne,
die das Haus komplett durchweh'n
das ist Frieden, das ist das Schöne,
man wünscht er würde nie vergeh'n.

Frieden stellt sich langsam ein,
in der Familie, wie bestellt,
doch Frieden soll überall sein,
in allen Ländern der Welt.

FRIEDLICHE ZUKUNFT

Wie schön ist der Frieden.
Sich am Abend niederlegen,
nach einem freudvollen Tag,
sicher und geborgen sein.

Wie schön ist der Frieden.
Man nimmt sich Aufgaben vor
und bewältigt sie,
wissend um die Zukunft.

DIE LIEBE &
PERSÖNLICHES

der liebe eine chance

im hass hat die liebe keine chance
ausgesperrt durch eine verschlossene tür
der hass kennt keine balance
an diesem ungleichgewicht leiden wir

zuneigung – respekt und zeit
bringen uns die liebe vielleicht zurück
die ausbreitung der menschlichkeit
ist eine chance - für die liebe ein glück

MORGENGRUSS

Die Nacht versinkt im Sonnenlicht
im frischen, neuen Morgen.
Wenn so strahlend der Tag anbricht,
verschwinden Kummer und Sorgen.

Seit gegrüßt - ihr Menschenkinder.
Ihr, die ihr kämpft mit Not und Leid.
Ihr, die ihr gegen Kriegsgewinnler.
Ihr, die ihr alle meine Geschwister seid.

Epikur, geboren 341 v. Chr. Auf Samos; gestorben 271/270 v. Chr. In Athen, war ein griechischer Philosoph, Begründer des Epikureismus und der epikureischen Schule.

Die Lust ist in seiner Lehre das höchste Gut, Ursprung und Ziel für ein glückliches Leben. Er ist der erste, der die Lust konsequent zum obersten Prinzip seiner Ethik gemacht hat.

Er begründet dies damit, dass jedes Wesen von Geburt aus nach Lust strebt, und es daher zur Natur des Menschen gehört, Lust zu empfinden. Diogenes Laertius versucht Epikurs These zu bestätigen, indem er auf kleine Kinder verweist, deren Verlangen nach Lust noch nicht durch die Vernunft beeinflusst ist.

DER EPIKUREISCHE WEISE
...der die Lust zu verstetigen sucht.

Seiner Lust hat er nie Grenzen gesetzt,
er fürchtet nicht Trauer noch Tod.
Von den Göttern in Lust versetzt,
empfindet er weder Elend noch Not.

Seiner Angst gibt er niemals nach,
und sei er vom Schicksal geschlagen,
flüchtet nicht in ein stilles Gemach,
versagt sich Jammern und Klagen.

Sein größter Feind ist der Frust,
der Zerstörer von Frohsinn und Glück.
Ohne Frust zu sein ist sein Streben.

Er fühlt sich stets im Zustand der Lust,
das hält seine Schmerzen zurück.
Der Genuss vergoldet sein Leben.

mutter

denk ich an meine jugend zurück
mit einem blick in die kinderzeit
sehe ich manch altes einrichtungsstück
rieche bohnerwachs - das den glanz verleiht

ich höre der mutter ängstliche mahnung
soll nicht so wild – sondern vorsichtig sein
zumeist hatte ich schon eine ahnung
und stellte mich cool auf überraschung ein

doch das ging leider nicht immer gut
davon zeugten zerschrammte knie
hin und wieder floss auch ein wenig blut
aber besonders schlimm war das nie

wenn ich verletzt war – aber nicht schlimm
dann hat die mutter heftig geschimpft
wenn sie sich jedoch in schweigen erging
wurde es ernst – und ich manchmal geimpft

sehe ich auf mein leben zurück
werde ich wieder ganz klein
rückblickend auf vergangenes glück
fällt mir immer meine mutter ein

FRAGEN AN DIE ELTERN

Frei nach Heinz Kahlau „Stoßseufzer".

Ihr habt schwere Fehler gemacht.
Warum habt ihr uns
nichts von dem hinterlassen,
das schon erreicht war?
Unsere Zukunft
wird viel unsicherer
als eure Vergangenheit sein.
Unser Morgen
wird nicht einfacher werden
und unsere Aufgaben sind
schwerer zu bewältigen:
Eure Fehler,
eure Ignoranz,
belasten uns sehr.
Warum, ihr Eltern, habt ihr
die Lehren der Geschichte
nicht beachtet?

Hommage an eine große Sängerin!

Miriam Makeba, auch bekannt als Mama Africa, wurde 1932 in Johannesburg geboren. Sie kämpfte seit ihrem Exil 1960 gegen die Apartheid-Politik in Südafrika und setzte sich für die Menschenrechte ein.

Kurz nachdem sie ihre Tochter in die USA geholt hatte, starb ihre Mutter. Die südafrikanischen Behörden verweigerten ihr die Einreise zur Beerdigung.
Harry Belafonte half ihr bei der Umsiedlung in die USA und bei ersten Auftritten. Damit begann ihre Weltkarriere. Makebas größter internationaler musikalischer Erfolg wurde 1967 das Lied Pata Pata.

Pata Pata ist der Name eines Tanzes, der Mitte der 1950er Jahre in Südafrika sehr populär war. „Es war dies eine individualisierte, sexuell-suggestive Form eines Tanzstiles der jungen Leute, wobei sich die Tanzpartner abwechselnd mit den Händen über den ganzen Körper im Rhythmus der Musik berührten." Pata bedeutet übersetzt „berühren, anfassen"

Nach drei Jahrzehnten Exil in den USA, Guinea und Belgien kehrte sie im Juni 1990, auf Bitte von Nelson Mandela, nach Südafrika zurück und lebte ab Dezember 1990 wieder in Johannesburg. Sie wurde zur Goodwill - Botschafterin Südafrikas bei den

Vereinten Nationen ernannt.
2004 gründete sie eine Organisation die missbrauchten Mädchen Schutz bietet.
Am 26. September 2005 erklärte Miriam Makeba ihren Abschied von der Bühne.
Am 9. November 2008 trat Miriam Makeba auf einem Benefizkonzert für den von der Mafia bedrohten Schriftsteller und Journalisten Roberto Salviano in Italien auf. Kurz nach ihrem Auftritt verstarb sie am frühen Morgen des 10. November 2008 im Alter von 76 Jahren an einem Herzinfarkt. Ihre Asche wurde dem Meer übergeben. Am 14. März 2022 wäre sie 90 Jahre alt geworden.

MIRIAM MAKEBA
Zum 90ten Geburtstag von „Mama Afrika",
im März 2022.

Immer wieder höre ich sie,
wenn Mama Afrika ihre Lieder singt.
Ihre Musik ist ein Zauber,
ein Lebenselixier.
Ihre Lieder sind Offenbarungen,
oftmals Hymnen.
Ihr Herz öffnete sie
wie eine knospende Rose
zur Blütezeit.
Mutig kämpfte sie,
kein Unrecht ließ sie durchgehen
und immer noch
berührt sie die Herzen
aller Menschen,
für die sie
gesungen.

MEINUNGSFREIHEIT

Als ich in unbedarfter Ehrlichkeit,
Menschenleben für wichtiger hielt
als den falsch verstandenen Heldentod,
hatte ich nicht damit gerechnet,
dass meiner ehrliche Meinung
ein vernichtendes „Volksurteil" droht.

Als ich noch daran glaubte,
ich dürfe frei meine Meinung äußern,
habe ich nicht daran gedacht,
dass die herrschende Meinung,
die Meinung der Herrschenden ist.
Wer sagt mir – ob ich Fehler gemacht?

BLEIB DIR TREU

Es wird nicht einfacher,
Die Knochen tun dir weh.
Du reißt dich zusammen,
du bist doch nicht alt!
Du brichst nicht zusammen
vor falschen Herrschern.

Wenn der Stahl alt geworden,
wenn er porös und rostig ist,
bricht er zusammen.
Kommt diese Erfahrung zu dir -
brich nicht zusammen -
Bleib dir treu!

GEDICHTE
Nach Hermann Hesses Gedicht „Lieder".

Ich habe manch ein Gedicht
Im Laufe der Zeit geschrieben,
ich lese sie mir und den Freunden
wenn sie denn bei mir geblieben.

Texte voll Freude und Liebe
die mich froh und zärtlich gemacht,
aber auch voller Wut und Ärger
wenn das Weltbild zusammenkracht.

Und Andere, über die Heimat,
von Menschen in meinem Quartier,
von schönen alten Häusern
und Gärten mit Blumenspalier.

Dann schreibe ich von Flüchtlingen,
den Fremden - in jeder Stadt,
vom Heimweh jedes Immigranten,
der keine Heimat mehr hat.

Texte über Waffen und Kriege,
die sich immer schmerzlich vereinen,
solche Texte von Elend und Tod,
lassen mich traurig weinen.

in einer kleinen hütte

in einer kleinen hütte will ich schlafen
in einem bett – gepolstert mit tannenzweigen
lieber als mit menschen leb' ich mit schafen
bei ihnen bin ich im sicheren hafen
in dem sie mir frieden und liebe zeigen

die hütte ist aus holz – steht am bach
bietet den bewohnern wärme und schutz
vor der winterkälte wird niemand schwach
in solcher hütte werde ich gerne wach
und die seele bleibt frei von schmutz

menschen können sich nur selber bestrafen
verjagend die liebe – sollte sie sich zeigen
lieber als mit menschen leb' ich mit schafen
in einer kleinen hütte will ich schlafen
in einem bett – gepolstert mit tannenzweigen

abschied

den eignen tod will ich nicht fürchten
und den tod der freunde nicht vergessen
niemand kann meine trauer ermessen

aus der trauerstimmung will ich flüchten
laufe dem verlorenen leben hinterher
zurück zu bleiben - schmerzt doch sehr

ich weiß wie es ist menschen zu verlieren
wer das nicht weiß – versteht es nicht
dass durch den tod der anderen
manchmal die eigene welt zerbricht

des dichters hochmut

ein dichter der hochmut hat
glaubt es macht ihn schon jemand satt
es dauert lange bis er verwirrt
erkennt - dass er sich geirrt

sind der dichter worte auch wunderschön
darf man sie nicht als beständig anseh'n
es gibt auch manch andere tugend
beständig ist nicht einmal die jugend

ein dichter der keinen hochmut hat
weiß es macht ihn kein anderer satt
es dauert nicht lange bis er erkennt
satt macht was man arbeitslohn nennt

auch wenn worte wie blitze zucken
braucht es die – die sie drucken
und dann die – die sie lesen
sonst wäre alles umsonst gewesen

ein dichter ist wie all' die andern
deren meinungen hin und her wandern
will er seinem hochmut entsagen
muss er nach der wirklichkeit fragen

ein dichter der viel hochmut hat
erfährt es macht ihn niemand satt
es dauert lange bis er verwirrt
erkennt - dass er sich geirrt

bekenntnis

viele wege bin ich durchs leben gelaufen
da waren hindernisse zu überwinden
tiefe schluchten und felsenhaufen
schwer war es – meinen weg zu finden

die jugend war ein beständiges suchen
nach mir selbst und des lebens sinn
ich freute mich auf den sonntagskuchen
ein bärtchen sprießte auf meinem kinn

grau und trist war das alltagsleben
in einem mietshaus hab ich gewohnt
schwer nach besserem leben zu streben
obwohl ich mich niemals geschont

um gutes leben ist schwer zu ringen
ich wurde nicht im reichtum geboren
um dem schlechten leben zu entrinnen
hab ich auf karl marx geschworen

ICH AN MICH

Wer kann mir schon helfen,
einem älter werdenden Mann.
Wer interessiert sich für mich,
wenn nicht ich?

Du hast doch liebe Freunde,
sag ich mir immer wieder,
und – deinen Lebensmut,
den lass' dir nicht nehmen.

GEDICHTE SIND GEBUNDENE WORTE

Gedichte sind gebundene Worte,
mit schönen Umschlägen dekoriert.
Texte beschreiben Zeiten und Orte,
in denen man gewinnt oder verliert.

Gedichte beschreiben die Geister,
die in meinen Gedanken sind.
Im Gedicht verbergen sich Meister,
wer das nicht bemerkt ist blind.

Gedichte sind gebundene Worte
die zwischen Buchdeckeln stehen,
hinter dieser literarischen Pforte
ist die Kraft der Poesie zu sehen.

DER WEG DURCH DAS LEBEN

Mich hat der Weg durch das Leben an viele
Orte geführt.
Bunt ist er wie eine blühende Wiese,
wie die Nadeln der Tannen - nicht welkend.
Der Gedanken Vergesslichkeit
kann ihn nie verwischen.

Immer erinnert er mich, dass du bei mir bist
Ach, wie zittern die blühenden Blumen,
wenn ich mit dir zusammen bin!

Mich hat der Weg durch das Leben an viele
Orte geführt.
Mit Glück gepflastert wie eine Wunderbahn,
doch so real - wie die Wirklichkeit.
Mich begleitet der Glücksgott Amor,
auf meinem Weg durch das Leben.

DEN NEUEN TAG BEGRÜSSEN

Wenn die Berge strahlen im Sonnenlicht,
Häuser von bunten Blumen geschmückt,
blinkende Fenster wie leuchtende Spiegel -
sind Augen, die mit der Sonne
den neuen Tag begrüßen.

Fülle dein Herz mit dem Sonnenlicht,
dann strahlt es wie die leuchtenden Berge,
Herzen dürfen niemals im Dunkel sein,
sie müssen Signale der Liebe versenden -
Den Hass aus der Welt vertreibend,
den neuen Tag begrüßen.

DIE ZUNEIGUNG - DAS LÄCHELN - DIE KÜSSE

Frei nach Alfred Miersch

Und was ist die Liebe,
wie können wir sie erkennen,
im auf und ab des Lebens?

Die Zärtlichkeit um die ich gekämpft,
darf niemals verschwinden
in trostloser Gleichgültigkeit
und der Kern des Feuers „Ich liebe dich"
ist wie ein sprudelnder Quell
der niemals versiegt.

Ewig bleiben die Wünsche und Erwartungen
und die Freude über erreichtes Glück.
Da sind die noch nicht erreichten Ziele
und die scheinbar unüberwindlichen
                              Hindernisse,
aber auch die Hilfe in schweren Zeiten.

Die Gefühle – mit Worten nicht zu
                              beschreiben,
die Sehnsucht mit all ihren Schmerzen,
die Überraschung über den Gleichklang der
                              Herzen.
Die Zuneigung, das Lächeln, die Küsse,
alles was unser Leben zusammenschweißt,
ist am Ende Erlösung,
die uns nicht allein sein lässt,
in einer lieblosen Welt,
mit enttäuschten Hoffnungen.

DIE LIEBSTE

Sie ist die schönste im ganzen Kreis,
ihr Haar hat eine tolle Frisur
und wer von ihren Vorzügen weiß,
bewundert ihre Figur.

Sie zündet mit ihrem Charme
das Feuer der Liebe an.
Manchmal wird es zu warm
und man verbrennt sich daran.

Der Liebe hält sie die Treue,
den Hass sperrt sie konsequent aus,
darum flammt immer aufs neue
die Glut der Liebe in ihrem Haus.

Sie hat ein einnehmendes Wesen
und für jeden ein offenes Ohr.
Allein ist sie nie gewesen,
ihr „Menschsein" schützt sie davor.

unter der haube

aus deinen augen der blaue himmel blinkt
deine duftende haut wie ein kleid aus samt
und dein leib der in den kleeteppich sinkt
ist vom sonnenlicht leicht verbrand

dort wo du bist – lässt das glück sich nieder
der tag hat ein fröhliches gesicht
ich schaue dir zu und denk' immer wieder
unsere liebe hat ein großes gewicht

ich sehe dich an und träume von lust
in mir ist nur liebe - hoffnung - glaube
je länger ich bleibe wird mir bewusst
bei dir bin ich gern - unter der haube

liebe und freundschaft

ich sehe die untergehende sonne
es duftet die feuchter werdende luft
spüre vergessene wonne
rieche deinen lieblichen duft

ich fühle deine haut wie samt
dein nach erde duftendes haar
die liebe hat mich verbrand
mein gleichgewicht ist in gefahr

ich höre was gute freunde mir raten
begreife endlich was sie wollen
sie fordern endlich taten
ihre furcht – freundschaft verschollen

ich sehe die untergehende sonne
es duftet die feuchter werdende luft
entdecke erneut die wonne
will alles - freundschaft - und deinen duft

BLUMENSPRACHE

Ich hab' deinen Duft gerochen,
du duftest wie Blumen, so schön;
Und ich hab' mir versprochen,
dich wie die Blumen zu seh'n.

Die Blumen sind wunderschön,
haben alle ihren eigenen Stiel
und lassen das Herz aufgeh'n,
ich empfinde Wohlgefühl.

Ich erfreue mich an den Farben,
an der Blüten diverser Gestalt,
an Mohnblumen zwischen Garben,
über die mein Jauchzer schallt.

Es zieht durch den Duft der Rosen,
die Liebe und ihre feurigen Lieder,
den Duft zum streicheln und kosen,
schenkt uns der blühende Flieder.

Ich hab' deinen Duft gerochen,
du duftest wie Blumen, so schön;
Amors Pfeil hat mich getroffen,
das kann nur die Liebe versteh'n.

mit dir will ich bis ans ende geh'n

manchmal wenn ich still und allein
eine glückliche ruhe finde
mit deiner liebe und süffigem wein
sitze ich gern unter der friedenslinde

und ich verspreche dir für alle zeit
dir all meine liebe zu geben
so wie in der vergangenheit
in unserem tollen bisherigen leben

wenn das gelingt dann bin ich froh
weil wir des lebens kreislauf versteh'n
wir werden älter das ist nun mal so
doch mit dir will ich bis ans ende geh'n

SONNE SCHALTET DIE LIEBE EIN

Die Sonne sendet ihre Strahlenkraft
in mein empfangsbereites Gemüt,
während ein würziger Rebensaft
sich um mein Wohlsein bemüht.

Ich setze mich unter Kastanien hin
und denke an ein friedliches Land.
Weil ich zumeist optimistisch bin,
reiche ich allen Menschen die Hand.

Die Sonne scheint mir ins Gesicht,
mit ihr schaltet sich die Liebe ein,
sie hat im Leben das größte Gewicht
ohne Liebe müsste ich traurig sein.

wenn jeder des anderen liebe ist

bei all dem trauern und klagen
welches uns oftmals erdrückt
sollten wir immer wieder fragen
was uns im leben beglückt

denn aller frohsinn und der friede
speisen sich aus unserem glück
sind ergebnis nur der liebe
sind des lebens meisterstück

alle freude über die ich singe
alles was mich glücklich macht
ist ein grund für freudensprünge
und zum tanzen die ganze nacht

und wenn alles zusammen passt
wenn man eigentlich nichts vermisst
dann ist das leben ohne last
weil jeder des anderen liebe ist

NACHGEDACHT

KANN DIE WELT SICH WEITERDREHEN?

Es wärmt mich die Frühlingssonne,
nach der vergangenen Winterzeit,
Insekten bestäuben mit Wonne,
der Pflanzen buntes Blütenkleid.

Mein Herz beginnt schneller zu schlagen,
das Leben erwacht wieder neu
und beglückt können wir sagen,
die Jahreszeiten bleiben sich treu.

Und trotzdem müssen wir fragen:

Kann die Welt sich weiterdrehen,
in ihrem endlosen Dauerlauf?
Kann das immer so weitergehen,
wenn wir die Signale nicht sehen?
Warten wir auf den Ausverkauf?

Schlussfolgerungen

Wer keine Ziele hat,
kann keine erreichen.

Wer Ziele erreichen will,
muss die Wege kennen.

Wenn Frieden das Ziel ist,
müssen die Waffen schweigen.

Wer den Frieden will,
beendet das töten.

Die Toten der Kriege,
kennen keine Gewinner.

„Der Frieden ist das Meisterstück der Vernunft."

Immanuel Kant
22. 4. 1724 – 12. 2. 1804

40/120   R. Rabasseda

Radierung: Enric Rabasseda

INHALTSVERZEICHNIS

Günter Wülfrath ist 1941 in Wuppertal geboren.
Er legte nach vielen Jahren als Rezitator 2007 den Grundstein für die jährlich stattfindenden Ronsdorfer Literaturtage „LIT.ronsdorf" in Wuppertal und begann eigene Texte zu verfassen.
Er schreibt vorwiegend Lyrik,Kurzgeschichten und biografische Texte, die in diversen Anthologien und Zeitschriften veröffentlicht wurden.

VOM WORKAHOLIC ZUM SINNFINDER

Von Fischerhude und Worpswede ins Blaue Land. Begegnungen mit Künstlerinnen und Künstlern in Worpswede, Fischerhude, Murnau, und Kochel, ebenso wie das Zusammentreffen von Freundschaft und Liebe sind der Rahmen, in dem ein Workaholic seine Sinnlichkeit neu entdeckt.
Lassen sie sich ein auf die Malerei, die Natur, die Freundschaft, die wunderbare Liebe und auf das alle Sinne umfassende Leben.

Verlag, BoD-Norderstedt   ISBN: 9783752822106

EWIG UM DIE SONNE KREISEND DREHT DIE ERDE UNS INS LICHT

In diesem Bändchen sind 87 Gedichte und eine Kurzge-schichte mit Texten über die unterschiedlichsten Themen versammelt.Es geht um Krieg, Flucht, Freiheit, Um-welt und Liebe und darum, was mit uns gemacht wird, oder was wir selber tun. Wenn Sie z.B. wissen wollen was eine Utopie mit einem Sonnenaufgang zu tun hat, oder was in einem Garten passiert, finden Sie hier eine Antwort.

Verlag, BoD-Norderstedt ISBN: 9783752820041

ICH DENKE, ALSO BIN ICH (Gedichte)

Wir sollten die Gedanken, die uns besonders lieb und wichtig sind und von denen wir glauben, dass ohne sie unser Seelenleben wie der Schnee in der Sonne dahin schmelzen würde, zwar nicht in jahrtausendalter Keilschrift schreiben, aber, sie in Worte fassen und in kostbaren Büchern unterbrin-gen, um sie für alle Zeit zu konservieren.

Nord Park Verlag Wuppertal   ISBN: 9783943940268

MUT ZUM GENUSS (Texte über den Genuss)

Nutzen sie jede Gelegenheit, bei einem Glas Wein, bei der Be-trachtung eines Bildes, beim fühlen des Windes auf einem Berggipfel, beim Geruch gemäh-ter Wiesen und duftender Kie-fernwälder, beim Anblick fröh-licher Kinder, bei allem was ihnen Freude bereitet, und nicht zuletzt beim genießen der Liebe, mutig zu sein und sich mit Genuss zu belohnen.

Verlag, BoD, Norderstedt ISBN: 9783748181910

TROTZ ALLEDEM (Politische Texte & Gedichte)

Damit der Zukunft Feuer brennt und wir auf erreichte Ziele stolz. Dass jeder seine Aufgabe kennt, loderndes Feuer braucht gutes Holz!
Wer den Kapitalismus als so natürlich betrachtet wie zum Beispiel dass Regen nass macht kann eine Revolution wenn sie einmal kommt nicht als unnatürlich bezeichnen

Verlag, BoD, Norderstedt ISBN: 9783749451722

ICH LEBE NOCH (Gedichte)

In diesem Band sind 120 Gedichte in 11 Themengruppen versammelt. Es geht um Krieg & Frieden, Flucht, Faschismus, Politik, auch in Coronazeiten, ein bisschen Philosophie ist auch dabei, genau so wie Umwelt & Natur und Blitzlichter, Persönliches, Sagenwelten und zum Schluss noch Texte über Heimat und Liebe.

Verlag, BoD, Norderstedt ISBN: 9783753464022

EIN GEDICHT IST EIN PARK

In diesem Büchlein sind Texte die in den Jahren 2021 und 2022, in den Zeiten der Corona Epidemie entstanden sind. Im Februar 2022 erschütterte ein schlimmer Krieg unsere Welt. In einem Gedicht lauten die letzten Zeilen:Jedes mal, wenn Bomben fallen, werden Leben, Liebe und Zukunftsträume ausgelöscht.

Verlag, BoD-Norderstedt   ISBN: 9783755710332